Sommaire

— 3

Repères biographiques

8 avril 1929 - Naissance de Jacques Brel, à Bruxelles. Père industriel. Éducation bourgeoise et catholique. Il commencera à chanter, adolescent, dans les kermesses et les fêtes paroissiales notamment.

1950 - Premières chansons. Mariage, dont il aura trois filles.

1953 - Enregistrement d'un premier disque, un 78 tours, avec « Il y a ». Septembre : départ pour Paris. Débuts difficiles : il chante dans les cabarets (Trois Baudets, l'Écluse, l'Échelle de Jacob).

1954 - Premier microsillon, avec *Le diable, Il peut pleuvoir*. En juillet, il passe à l'Olympia en supplément de programme.

1958 - C'est l'Olympia, en vedette américaine.

1959 - Les grands succès. *La valse à mille temps. Les Flamandes, Ne me quitte pas.*

1961 - Triomphe à l'Olympia. Pendant six ans, tournées incessantes, récitals sur les grandes scènes internationales.

1967 - Brel abandonne le tour de chant et fait ses débuts au cinéma comme acteur *(Les risques du métier)* puis metteur en scène *(Franz, Far West).*

1968 - Brel adapte et chante une comédie musicale : *L'homme de la Manche.* Il y incarne Don Quichotte. Ce sera sa dernière apparition sur scène.

1972/1974 - Brel s'explique (une fois de plus) sur son abandon : « J'avais écrit quatre cents chansons, enregistré cent cinquante ou deux cents, et avec l'habitude, c'est connu, on devient habile ou honnête. J'étais à saturation, quoi, j'avais besoin d'aller voir ailleurs... un besoin de choses qui bougent » *(Le Monde,* 5 février 1972). Il décide alors de partir en mer : « Je sais piloter un avion. Je voulais découvrir la voile. C'est bon de retourner à l'école. » Mais ce départ s'explique aussi par les premières atteintes de la maladie. Brel a besoin de se retirer, de vivre pour vivre, « au large de l'espoir » : il ne tardera pas à se fixer aux îles Marquises.

1977 - C'est le disque-surprise, qu'on n'espérait plus. Ni les thèmes du chanteur, ni son talent n'ont varié. De ce chant du cygne ressortent *Les remparts de Varsovie, Jaurès, Vieillir,* et surtout, l'admirable *Orly.*

9 octobre 1978 - Jacques Brel meurt. En le revoyant chanter au petit écran, chacun se met à regretter *le temps où il s'appelait Jacky...*

Thématique $\boxed{1}$

LA NOTION DE HÉROS BRÉLIEN

Étudier la thématique d'une œuvre, au-delà d'une énuméra-
tion de thèmes favoris, c'est explorer un réseau fortement
structuré, en définir les pôles et les lois, décrire un univers
personnel et, à la limite, découvrir *le système d'un être*. Mais
peut-on connaître J. Brel à travers sa chanson ? N'est-ce pas le
réduire à son œuvre chantée, ce simple moment de son
existence ? Enfin, cette œuvre elle-même doit-elle être prise à
ce point au sérieux ? Elle n'est peut-être qu'un jeu gratuit
d'auteur qui n'entend pas y impliquer sa personne : à la
question « Que vous manque-t-il pour devenir poète ? », le
chanteur répond « Y croire » (*J. Brel,* de Jean Clouzet, p. 6).
   La seule façon d'éluder ces objections est de restreindre et
de préciser notre ambition : laissant de côté la personne
Jacques Brel, nous étudierons le seul visage de Brel manifesté
par ses chansons, qui n'est peut-être qu'une série de masques,
et qu'il nous sera commode de cerner à travers la notion de
héros brélien. Celle-ci implique que les personnages que
chante et joue Brel le représentent *tous* d'une façon ou d'une
autre, ou du moins le révèlent, fût-ce en illustrant ses phobies.
Le héros brélien, ce sera la somme de ces figures, rôles,
destinées, relations, émotions que vit Brel sur scène, cet autre
soi-même qui est aussi un « je », ce visage, cet univers
personnel du Brel-des-chansons, dont il ne nous appartient
pas d'affirmer les rapports qu'il entretient avec le J. Brel réel,
même si nous risquons ici ou là des hypothèses.
   En particulier, par le truchement du héros brélien, chanter
devient pour Brel une catharsis, par laquelle il se délivre de ce
qu'il redoute en lui-même : sa chanson est psychodramatique,

comme l'a montré Clouzet (*op. cit.*, pp. 40-41). Ainsi, *Zangra*, inspiré du *Désert des Tartares* (Dino Buzzati), n'est pas Brel : mais à travers cette destinée, celui-ci exprime son mépris du militarisme et de la vie bureaucratisée, sa nostalgie d'héroïsme, son angoisse devant ces existences qui de faux espoirs en faux espoirs vivent à côté de la vie et se retrouvent soudain flouées face à la mort. Zangra, c'est tout de même Brel, en tant que héros brélien : c'est en ce sens que, dans les pages qui suivent, le «héros brélien» et «Brel» seront synonymes...

LA VIE

Au cœur de la chanson de J. Brel bat la pulsation fondamentale de la vie et de la mort, sur laquelle les autres thèmes se greffent. Il nous conquiert d'abord par son dynamisme. Le héros brélien veut vivre, vivre debout, croître. Son enfance, son idéal, son désir d'espace et sa rage de festoyer se découvrent à nous.

L'enfance, Un enfant, Mon enfance, Fils de : ce sont quatre titres significatifs. «Heureux qui chante pour l'enfance», même si c'est en la regrettant. L'enfance, c'est la naissance à la poésie du monde : rires et larmes, prières, premières alarmes ; royaume, far west ; cœur trop tendre, candeur, «plein de fleurs dans les yeux», fenêtres ouvertes, soleil des matins... L'enfance est d'abord un regard : *Il nous faut regarder*. Et, bien sûr, écouter :

Il nous faut écouter	Les berceuses des mères
L'oiseau au fond des bois	Les prières des enfants
Le murmure de l'été	Et le bruit de la terre
Le sang qui monte en soi	Qui s'endort doucement

Mais l'enfance est aussi un élan : Brel chante tout ce qui est «premier», tout ce qui commence. En dépit des «fins de la chanson», le héros brélien est toujours prêt pour un nouveau printemps, pour un «prochain amour». «On rechantera comme avant» *(Jef)*. A l'approche de la mort, il crie «encore une fois» :

> J'arrive, j'arrive
> Mais qu'est-ce que j'aurais bien aimé
> Encore une fois voir si le fleuve
> Est encore fleuve, voir si le port
> Est encore port, m'y voir encore.
>
> (J'arrive)

Quelles qu'auront été les leçons de l'expérience, il restera un incorrigible de l'élan : en raison justement de l'enfant demeuré en lui.

L'aspiration à l'IDÉAL caractérise surtout l'adolescent brélien, mais elle vibre encore dans l'adulte révolté : celui qui crie sa déception ne se donnerait pas cette peine sans un idéalisme incoercible... Dès ses premières chansons, « l'abbé Brel » a chanté l'humilité, la loyauté, la ferveur, la tendresse, le beau et le bien, la joie de vivre (*Grand Jacques, La lumière jaillira, J'en appelle*, etc.). La force d'aimer éclate dans *Quand on n'a que l'amour*. Citons deux couplets moins connus :

Nous forcerons nos yeux	Ainsi certains jours paraît
A ne jamais rien voir	Une flamme à nos yeux
Que la chose jolie	A l'église où j'allais
Qui vit en chaque chose	On l'appelait le Bon Dieu
Nous forcerons nos yeux	L'amoureux l'appelle l'amour
A n'être qu'un espoir	Le mendiant la charité
Qu'à deux nous offrirons	Le soleil l'appelle le jour
Comme on offre une rose	Et le brave homme la bonté
(Demain l'on se marie)	*(Sur la place)*

Certes, le langage à la fois romantique et chrétien par lequel se traduit l'idéal de Brel reste vague ; mais sa fougue, cette certitude de pouvoir transformer les choses par la force des sentiments, nous conquièrent. Un homme debout affirme à la face du monde l'enfant qu'il porte en soi : ce n'est pas un rêveur couché. L'idéal brélien, c'est l'élan vers le haut, la croissance qualitative.

Aussi est-il inséparable du besoin d'ESPACE, de l'expansion d'un « moi » qui veut s'approprier le monde. Notre idéaliste chante : « Nous aurons dans nos mains/Amis, le monde entier » *(Quand on n'a que l'amour)* ; même espoir dans *La Fanette* : « Et tenant l'autre et l'une/Moi je tenais le monde. » La conquête du monde s'accompagne naturellement d'images dynamiques :

Mais les timides
Un soir d'audace
Devant leur glace
Rêvant d'espace
(Les timides)

Je volais je le jure
Je jure que je volais
Mon cœur ouvrait les bras
(Mon enfance)

Le départ (la locution « en partance »), le port, le train, le chemin, la marche, le navire, la mer sont des signes positifs. L'amour appelle partout l'image du voyage : « Prendre un amour comme on prend le train » dit même le héros de *J'arrive*. Corollairement, quand c'est *l'autre* qui part et le « je » qui reste, la tonalité de la chanson est triste *(Je ne sais pas)* ; la sédentarité est mauvaise : « Chez ces gens-là, Monsieur, on s'en va pas » *(Ces gens-là)* ; et quand l'un des *Vieux* part pour la mort, c'est « celui qui reste » qui « se retrouve en enfer »...

Le voyage doit combler le désir d'un *ailleurs* rêvé : ce pays de cocagne qui hante les hommes du Nord, les marins d'Amsterdam. On voudra l'or, la toison d'or, doublant la conquête matérielle d'une quête mystique. On rêve d'aventures, au sein du plat pays auquel la rose des vents vient raconter les autres mondes ; le plat pays, riche des légendes que le « Père disait », est lui-même un navire bercé par des vagues dont il ne se distingue pas. Le héros de *Regarde bien petit* vit dans la fascination de l'Ailleurs, avec terreur et nostalgie à la fois... Tout cela permet de fondre le rêve d'idéal dans le désir d'espace : car l'idéal se trouve *quelque part*, l'idéal est un monde idéal. C'est *Une île* :

Une île au large de l'espoir...
Et douce et calme comme ton miroir...
Viens mon amour, car c'est là-bas que tout commence

C'est l'Amérique :

On parl'ra de l'Amérique
Où c'est qu'on va aller
(Jef)

Madeleine c'est mon horizon
C'est mon Amérique à moi
(Madeleine)

C'est enfin le far west, qui symbolise *parce qu'il n'existe plus* l'idéal inaccessible :

(L'été) Je devenais indien
Pourtant déjà certain
Que mes oncles repus
M'avaient volé le Far West
(Mon enfance)

Mais faut-il que ce pays existe ? Car sa conquête signerait la mort de la quête :

> Mon père était un chercheur d'or
> L'ennui, c'est qu'il en a trouvé

(L'enfance)

Or, c'est la poursuite du voyage qui intéresse Brel : « J'aime trop bouger. » Arriver, c'est mourir un peu (cf. *J'arrive*).

La vie est au contraire dans le mouvement, dans le rythme : la chanson brélienne valorise la danse, et par extension, la FÊTE. Les Flamandes « dansent sans rien dire » ; les marins dansent avec bruit. Dans *Les jardins du casino,* une polka se met en marche. *Rosa* « est le plus vieux tango du monde ». *Les Toros* souffrent leur agonie dominicale sur un rythme de paso doble. Citons *La valse à mille temps, Le tango funèbre...* Même *Le moribond* réclame qu'on danse à son enterrement, pour conjurer le repos éternel qui l'effraie :

> Je veux qu'on rie je veux qu'on danse
> Je veux qu'on s'amuse comme des fous

De fait, la fête est omniprésente, qui nous rappelle les liesses et les carnavals des villes du Nord : aimer, danser, boire et chanter. On boit beaucoup, chez Brel, depuis *L'ivrogne* jusqu'à *La bière,* en passant par *Jef* et *A jeun* ; et l'on boit rarement seul : l'amitié se fête jusque sur la tombe :

> On boira du silence
> A la santé d'Constance

(Fernand)

On mange aussi, on « bouffe », notamment lors du dernier repas. On chante enfin, c'est évident. Il suffirait de recenser le vocabulaire de la fête pour voir combien le héros brélien, idéaliste et poète, est aussi « bon vivant ». *La bière* et *Je suis un soir d'été* nous étalent les lourdes ripailles d'êtres trop bien en chair...

Mais au cœur de la fête se dissimule l'angoisse de la mort. Ce n'est pas un hasard si l'appétit de vivre éclate si souvent dans les chansons funèbres : le deuil et la fête s'attirent comme de fraternels contraires. Le mouvement masque le mal de vivre. La fête, à la manière du divertissement pascalien, est une fuite en avant : dans *Amsterdam,* les trois strophes où les marins festoient ne peuvent faire oublier la première, où Brel évoque leur condition humaine. D'ailleurs, certains « mouvements perpétuels » - la danse des Flamandes, la minable quête du héros des *Bonbons*, la poursuite éperdue de *Titine*, le nomadisme chronique de *Vesoul* - sont des morts lentes, des courses circulaires, des ankyloses rythmées. C'est que la mort a la vie pour piège.

LA MORT[1]

Avant d'agir elle-même, la Mort fait donner ses alliés, qui sont pour le héros brélien le Temps, la Désillusion, le Rétrécissement. Le temps, premier ennemi : car si l'enfant découvre dans les saisons et les jours une sorte de cycle éternel, très vite son enfance le fuit ; il perd son « far west », qui n'est que le pays du dollar *(Le diable)*. Dès vingt ans commence la série des « âges idiots » : non seulement *L'âge idiot*, mais bien d'autres chansons *(Seul, Zangra, Les biches, Les timides,* etc.) sont bâties sur l'inéluctable accélérando du temps qui entraîne la décroissance de la vie (ou d'un amour) et la perte de l'espérance (ou d'un espoir).

Parfois le temps diminue insensiblement l'être humain *(Les vieux, Les bigotes)* ; le plus souvent, sa rapidité est confondante. D'une strophe à l'autre, le grand Fatum agit : à peine les choses sont-elles commencées qu'elles finissent ; « déjà ! » s'écrie le héros brélien. Entre l'élan et la retombée de l'aventure, il n'y a rien : c'est vrai pour les amours, c'est vrai pour l'existence. D'où la chute de *Mon enfance* :

> Et la guerre arriva
> Et nous voilà ce soir

En somme, il n'y a pas de durée - ou alors, elle est négative : elle respire l'ennui et l'habitude, c'est du temps *mort*. La croissance ou la décroissance, rien d'autre ; l'enfance, la vieillesse, soit : être adulte, jamais. Le héros brélien tente après chaque expérience de recommencer : de consommer le temps avant d'en être consumé. Mais celui-ci a le dernier mot *(J'arrive)* et l'horloge « qui ronronne au salon » *nous* attend...

---

1. L'impératif des 80 pages nous a obligés en dernière heure à de nombreuses coupes, notamment dans cette partie et celle qui précède. Mais de ce mal peut sortir, pédagogiquement, un bien : il laisse aux élèves le soin d'explorer à fond les pistes que nous ne pouvons qu'indiquer *(Les auteurs)*.

Dans le sillage du Temps, les désillusions sanctionnent les rêves. Elles peuvent venir d'une lucidité croissante sur un monde trop idéalisé et s'exprimer en sarcasmes (cf. *Les singes*) ; elles viennent surtout de soi-même, de l'échec de l'idéal ou de l'expérience de ses limites *(Le cheval, Jacky)* et, alors, exhalent le regret du « temps d'avant ». Mais, en général, une même dégradation touche les autres et le moi brélien, qui voit dans les démissions ou échecs des hommes la menace d'une déchéance personnelle. Trois démons régissent les existences humaines : la Bêtise, dont Brel croise parfois dans son miroir « le regard familier » ; l'Égoïsme, les pesanteurs de la matière (le « ventre » de *L'âge idiot*) ; l'Imposture enfin, par laquelle l'être « fait semblant » jusqu'au plus profond de lui-même *(Les biches, Ces gens-là)*, et que Brel conjure dans *Grand Jacques* et *Jacky* en rejoignant son prénom, donc son enfance. Il va sans dire que les Bourgeois, « cons », « cochons » et tartuffes rassemblent ces trois démons : en les chantant à la première personne, Brel les exorcise en lui. Cependant, leur embourgeoisement semble avant tout causé par le temps (« plus ça devient vieux ») : le renoncement à l'idéal, lié à la perte des illusions, n'est pas coupable. Le seul tort du héros brélien est d'avoir cru à la Vie, qui ne tient pas ses promesses...

Plutôt que de dénombrer une série de déceptions précises, il vaut donc mieux parler d'une déceptivité chronique de Brel, symétrique de la foi des premiers élans. De plus, cette dégradation est pressentie dans les rêves du début : le héros brélien *sait* d'avance la déception que sera l'expérience de la réalité, l'épreuve du temps :

Je sais déjà à l'entrée de la fête
La feuille morte que sera le petit jour

(Le prochain amour)

Sachant cela sans pouvoir renoncer à son idéalisme, il éclate en imprécations contre le réel ou tente de se ré-illusionner, mais en vain : *Le cheval* a beau hennir encore, il ne peut que regretter « ses silences d'autrefois » ; il voudrait courir le monde, et on lui a pris son galop.

C'est que le temps, qui fait tout finir, s'accompagne d'un rétrécissement de l'espace, qui va tout figer. Déjà amputé du far west, le héros brélien découvre partout des limites (les

réalités de la matière, les casernes des hommes) : il va devoir
« revenir » de l'aventure avant de l'avoir tentée. C'est le fiasco
des *Timides* ; même retombée dans *Vivre debout* :

Voilà qu'on s'agenouille
Et déjà retombé
Pour avoir été grand
L'espace d'un miroir

Les désespérés, quant à eux, « reviennent d'Amour ». *Les
biches* ont « le pas résigné des pèlerins qui s'en reviennent ».
La mort est le faux voyage par excellence, « ce voyage-là/D'où
l'on revient de tout » *(Le tango funèbre)*. Alors s'inversent
toutes les valeurs de l'espace. Les timides « se rapetissent », les
bigotes « se ratatinent » ; *Les Vieux* se figent :

Du lit à la fenêtre, puis du lit au fauteuil et puis du lit au lit.

Le corps se réduit tant que le lit où l'on meurt est toujours
« un trop grand lit » (cf. *La mort* et *On n'oublie rien*). La fin
du héros brélien immobilise l'espace même :

Dir'qu'y a mêm'pas de vent
Pour agiter mes fleurs

(Fernand)

On notera que la hantise de se recroqueviller ne va pas, chez
Brel, sans une secrète fascination qui explique les fins
étonnantes de *Ne me quitte pas* (« Laisse-moi deve-
nir/L'ombre de ton ombre... ») et de *L'âge idiot* :

L'âge d'or c'est quand on meurt (...)
Qu'on redevient petit enfant
Dedans le ventre de la terre

Mais ce n'est que « certains jours » que Brel souhaite la mort
« comme une fête » *(On n'oublie rien)* ou comme une
régression vers l'enfance : en général, il se cabre devant la
mort, qui reste sa plus *vive* source d'inspiration. Tout meurt,
tout finit par la mort, dans les chansons comme dans la
réalité. Brel revit les sentiments classiques : angoisse personnelle, pitié pour les autres (même les Bigotes), sanglots
(Fernand) ; révolte blasphématoire *(Le dernier repas, La la
la)* ; reflux crispé vers la vie *(J'arrive)* ; résignation aussi,
parfois *(Les vieux, Les désespérés)*. L'originalité est encore une
fois dans l'accent d'intensité de Brel, qui ne cesse d'exorciser
sa mort, dans ce mélange détonnant de fougue et de tristesse,
de désespoir tonique et de sanglots sarcastiques. A tel point

que le héros brélien semble plus vrai dans le refus de la mort que dans l'affirmation de la vie. Plus vrai, car il continue de regarder en face le fait de sa mort qu'il refuse, contrairement à ceux qui ne se risquent pas et ferment les yeux. Plus vrai, car cet affrontement se sait sans issue : le héros brélien considère la mort individuelle comme sa fin absolue. On ne trouve pas chez lui, sauf dans *Le moribond* peut-être, cette confiance dans la vie qui fait souvent la paix du mourant, lequel sent qu'à travers ses œuvres et la vie collective des hommes, il *se* prolonge par tout ce qu'il leur a donné de lui-même. Pour lui, il n'y a pas plus de salut dans l'Au-delà que dans l'Histoire, et cela est lié, comme on le verra, à son individualisme.

Une dernière remarque avant d'aborder le thème de l'amour, qui sera plus que tout autre marqué de l'ambivalence vie-mort : dans la chanson intitulée *La mort,* celle-ci est personnifiée par une femme, vieille fille ou princesse. Cela n'est pas indifférent : il y a fort à parier que si la mort est vécue comme la suprême femme, c'est que la femme a été vécue comme une première mort.

L'AMOUR

On entend, dans *La Valse à mille temps* :

> Au troisième temps de la valse
> Il y a toi y'a l'amour et y'a moi

C'est bien là le problème : entre l'homme et la femme, il y a l'amour ! C'est la femme, aux yeux du héros brélien, qui est seule chargée de tenir les promesses de l'amour. Mais elle n'entrera pas toujours dans le rôle, d'autres viendront pour la ravir... et la chanson se fera drame, ou psychodrame.

● *Les promesses de l'amour*

Ce qu'annonce l'amour, ce sont toutes les joies, toutes les valeurs, toutes les beautés de la vie. Alors s'élance le héros brélien, sur des chemins sans bornes vers des horizons sans limites : le grand voyage, la conquête de l'espace, la transmutation du réel en monde idéal, voilà ce qu'il attend de l'amour, ce qu'il espère de la femme. Elle sera l'illumination de sa vie :

La lumière jaillira
Claire et blanche un matin
Brusquement devant moi
Quelque part en chemin (...)

La lumière jaillira
Reculant l'horizon
La lumière jaillira
Et portera ton nom

(La lumière jaillira)

Depuis longtemps, il la pressentait, l'aimait déjà en rêve :

J'aimais les fées et les princesses
Qu'on me disait n'exister pas
J'aimais le feu et la tendresse
Tu vois je vous rêvais déjà

(J'aimais)

On pourrait croire que notre héros va se contenter d'attendre le bonheur sans rien donner de lui-même. Ce n'est pas tout à fait exact. Car si la femme est pour lui *l'occasion* de l'amour, il croit au pouvoir magique de ce dernier. L'amour va tout produire, tout donner : «Nous nous offrirons tout l'amour que l'on a» *(La bourrée du célibataire)*, il *suffira* d'aimer *(Quand on n'a que l'amour)*, et l'amoureux dont le sentiment est partagé sera capable de l'impossible :

Moi je t'offrirai
Des perles de pluie
Venues de pays
Où il ne pleut pas

(Ne me quitte pas)

Reste à savoir si la femme réaliste parviendra à y croire : car en promettant l'impossible, l'amant brélien trahit son impuissance en même temps que son idéalisme... Toujours est-il qu'il est sincère et qu'il *se risque* dans cet amour, en y investissant ses espoirs, ses attentes, son cœur, son corps, son avenir, sa vie. La femme devient *tout* pour lui :

Mon aube mon cri ma vie ma foi
Mon cœur ma mie mon âme
Mon ciel mon feu ma flamme
Mon corps ma chair mon bien
Voilà que tu reviens

(Litanies pour un retour)

On comprend dès lors le risque de cet investissement : l'amant n'existe plus que par sa bien-aimée, il est livré aux caprices de son amour. Aimé, il règne ; mal aimé, il se fait esclave et mendie une tendresse dérisoire («Laisse-moi devenir ... l'ombre de ton chien»). D'où la série de personnages bréliens qui, pour trop courir après l'Amour, ne tardent à ramper aux pieds de la femme. Tout miser sur l'amour, c'est risquer dans le même mouvement la conquête et la défaite, qui souvent se suivent : le héros brélien va l'apprendre à ses dépens, en faisant « l'expérience » des femmes.

● *La réalité des femmes*

Il faut dire d'abord combien la connaissance première que Brel a de la femme est *idéaliste* : elle personnifie des idées ou des images, elle descend du ciel platonicien. Dans *Sur la place*, c'est une « fille qui danse à midi » qui symbolise « une flamme, le bon Dieu, l'amour, la charité, le jour, la bonté ». Dans les premières chansons, la femme est décrite à l'aide d'un vocabulaire moral ou poétique (cf. *La Fanette* : « Faut dire qu'elle était belle/Comme une perle d'eau »). Souvent, on retrouve les nominations de la chanson populaire tradition-nelle : « la belle », « ma mie », « princesse », « reine », etc. Plutôt que décrite, la femme est *évoquée* par les impressions qu'elle produit sur le cœur et l'âme de l'amoureux. Sa réalité physique n'apparaîtra guère, ou alors, une fois sur deux, péjorativement. Les *yeux* de la femme se caractérisent par leur expressivité plus que par leur couleur : ils sont surtout « fenêtres de l'âme » ou du cœur, ils sont *signes* - de joie ou de tristesse, de communion, de tendresse :

Des heures où nos regards
Ne sont qu'un seul regard
Et c'est Paris miroir (...)

Un regard qui reçoit
La tendresse du monde
Et c'est Paris tes yeux
(Les prénoms de Paris)

... nos filles
Ont le regard tranquille
Des vieilles villes

(Mon père disait)

Et, curieusement, c'est lorsqu'ils deviennent trompeurs que les yeux féminins prennent une nuance concrète : ce sont les « yeux mouillants » de Frieda *(Ces gens-là)* ou le « bout des yeux » des biches, qui trichent grâce à leurs cils « en accroche-faon ». Après les yeux viennent les *seins*, tantôt assez mal vus (cf. « l'arrogance des filles qui ont de la poitrine » dans *Les paumés du petit matin* ; cf. les vieilles biches dont les seins « tombent de sommeil »), tantôt valorisés de façon métaphorique :

> Tu as des seins comme des soleils
> Comme des fruits comme des reposoirs
> Tu as des seins comme des miroirs
> Comme des fruits comme du miel
>
> *(Le gaz)*

Pour terminer, parlons des fesses, dont l'évocation est toujours liée au mépris de la femme : les timides sont délaissés par leurs maîtresses « du bout des fesses » ; *Grand'mère* est anguleuse comme son derrière est pointé ; quant aux fesses des Bigotes... On voit que le corps des femmes n'occupe guère de place dans la vision de Brel, sinon par symétrie avec « cœur ».

Ce qui compte en effet, c'est la *relation* avec le beau sexe, et ce que le réalisme brélien va mettre en évidence, c'est le comportement et la psychologie des femmes, avec une misogynie croissante, qui a commencé à l'école : « Il y a des épines aux Rosa. » Quels sont les torts de la femme ? L'inconstance, l'infidélité, ou le seul refus d'aimer, qui est déjà une trahison pour l'amoureux brélien. L'égoïsme, la sensualité, la vénalité (qui expliqueront ses infidélités). La comédie, l'hypocrisie, et tous les moyens dont elle se sert pour séduire ou cacher son double jeu. La perfidie, la méchanceté (inconsciente ou non) : les armes dont elle use quand la guerre est déclarée. Tous ces traits abondent : on pourrait citer en entier *Les biches, Les filles et les chiens, Mathilde,* etc. Il y a enfin la médiocrité possessive de celles qui empoisonnent l'homme dans un « bonheur » sans histoire, c'est-à-dire sans mouvement, donc sans vie.

> Tu m'auras gaspillé
> A te vouloir bâtir
> Un bonheur éternel
> Ennuyeux à périr
> *(Dors ma mie)*
>
> Et mille jours pour une nuit
> Voilà ce que tu m'as donné
> Tu as peint notre amour en gris
> Terminé notre éternité
> *(La haine)*

On notera ici qu'une fois de plus, c'est la femme qui est coupable de l'ennui au sein du couple : jamais le héros brélien ne s'avouera responsable (si l'on excepte *Les amants* et *La chanson des vieux amants,* où les torts sont partagés : Brel a vieilli).

La misogynie éclate le plus vigoureusement dans les chansons au féminin pluriel : *la* femme est décevante ; *les* femmes, dont le nombre accroît le danger, sont haïssables.

Alors jaillissent les injures du misogyne : «morues», «mèmères décorées», «mères maquerelles», «bigotes» avares, «dames patronnesses» hypocrites, «biches» tricheuses, «Flamandes» insensibles, «drôlesses», «filles en troupeaux» de toute espèce qu'on a bien tort de préférer aux chiens... Voilà l'engeance féminine, cette espèce animale ! Le suprême degré de l'horreur est atteint dans le cas des vieilles plus ou moins virilisées, sèches et castratrices comme «Grand'mère» ; c'est qu'elles cumulent les phobies bréliennes : la tricherie morale, la laideur physique, la vieillesse menacée et menaçante, l'esprit de calcul réaliste, et ce reste de vivacité trompeuse qui prend au piège les naïfs sentimentaux. Ainsi les biches trichent-elles «de tout leur passé» :

> Afin de mieux nous retenir
> Nous qui ne servons à ce temps
> Qu'à les empêcher de vieillir
>
> *(Les biches)*

En même temps, on les comprend un peu : c'est la «fuite du temps» qui explique certains comportements féminins, l'omniprésence de la mort qui fait mourir *aussi* les amours (d'ennui ou de querelles). S'il y a une guerre des sexes, c'est que chacun veut faire de l'autre *un moyen* de fuir sa destinée mortelle. Et si enfin le héros brélien est misogyne, c'est moins à cause d'une nature viciée des femmes que de la vulnérabilité excessive qui accompagne ses tendances amoureuses...

• *Les contradictions du cœur tendre*

La misogynie est inscrite en effet dans l'idéalisme du héros brélien : ne pouvant réaliser son idéal trop haut, il a idéalisé la réalité avec son cœur trop tendre. L'expérience de la femme ne pouvait être qu'une déconvenue : éternelle histoire des amours romantiques. Or, cette histoire est prévue par le héros de *La bourrée du célibataire* : la fille qu'il imagine est si belle et si sage qu'il est conduit à dire à chaque fois :

> Non ce n'est pas toi
> La fille que j'aimerai

Il reportera son idéal de femme en femme : son beau rêve se flétrira de déception en déception. L'amour illustre très bien la «déceptivité» brélienne.

Il y a une seconde raison à la misogynie de Brel : c'est la dépendance dans laquelle le plonge son besoin d'être aimé, qui contredit précisément son désir de liberté né avec les premiers élans de l'amour. Malgré elle, la femme est le piège que cachait l'amour : amoureux, l'homme pensait partir, voyager, voler ; en fait, la femme a seule l'initiative, et dispose de lui, selon qu'elle aime ou n'aime pas ou aime moins. Le héros brélien, lui, attend, espère ou gémit : il ne bouge plus. C'est elle qui mène le voyage, elle qui abandonne ou qui revient sans qu'on sache pourquoi, elle qui « mène en bateau » le rêveur d'autres mondes. Elle transforme sa fougue en docilité, fait du chasseur un animal domestique :

> Et je sais des ouragans
> Qu'elles ont changés en poètes
>
> *(Les biches)*

Qu'elle délaisse l'homme n'est pourtant pas le plus grave : elle le menace davantage en l'aimant *trop*. Elle dévore le cœur tendre trop heureux d'être aimé, l'envoûte, lui fait faire sa volonté : autour de la belle *Isabelle*, plus rien ne bouge ; la « jolie Madame » du *Cheval* vole à ce dernier son galop, ne lui laisse que ses dents : c'est l'histoire d'une castration ; dans *Dors ma mie*, c'est de justesse que l'amant échappe à l'amour possessif de l'aimée (pendant qu'elle dort). A tout prendre, le héros brélien préférera le cours heurté des déceptions, ruptures et réconciliations de la « tendre guerre » au mortel immobilisme du parfait bonheur :

> Mais n'est-ce pas le pire piège
> Que vivre en paix pour des amants
>
> *(La chanson des vieux amants)*

Une troisième raison rend malaisée la relation du héros brélien à la femme : c'est la contradiction entre son rêve idéaliste et sa propre sensualité, son désir d'appropriation sexuelle. Il ne dédaigne pas les « filles », et la déception sentimentale servira d'alibi à une quête moins noble. Les marins d'*Amsterdam* fréquentent les dames de petite vertu ; Jef délaissé ira se consoler avec son ami « chez la madame Andrée » ; aux Bigotes, il est reproché leur avarice sexuelle ; les *Fenêtres* ont tort de jacasser « Quand une femme passe / Qui habite l'impasse / Où passent les Messieurs » ; dans *Le gaz*, la progression des couplets est significative d'une approche érotique (la maison, la chambre, le divan, la femme, ses seins) ; le cynique vieillard de *La la la* se prend pour « les quatre-vingts chasseurs dans le lit de la marquise » ; le Brel du *Tango funèbre* justifie par l'approche de la mort son droit de « trousser les filles » ; dans *J'arrive,* il chante l'amour physique avec plus de poésie :

> Mais qu'est-ce que j'aurais bien aimé
> Encore une fois rempli d'étoiles
> Un corps qui tremble et tomber mort
> Brûlé d'amour le cœur en cendres

Enfin, il va même jusqu'à comprendre l'infidélité féminine, causée par la sensualité, dans ce grand poème de réconciliation qu'est *La chanson des vieux amants* :

> Bien sûr tu pris quelques amants (...)
> Il faut bien que le corps exulte

On voit ainsi que la sexualité n'est pas aussi absente que la peinture physique des femmes ; la part du corps ira d'ailleurs croissant, à mesure que faiblit celle du cœur et des rêves d'amour.

Seulement, c'est là tout de même *une dégradation* aux yeux du héros brélien, bien qu'il finisse par accepter, et sans doute rechercher, les satisfactions physiques de l'amour. Cette dégradation explique sa rancœur contre *l'Ève* éternelle, par la faute de qui le paradis de l'amour se change en enfer sexuel. Car il ne faut pas oublier le désarroi du *Suivant* qu'on force à se déniaiser à la chaîne :

> Moi j'aurais bien aimé un peu plus de tendresse

Ni l'amour pur de Pierrot pour Colombine, qui contraste avec les jeux sexuels de la société mondaine *(Les jardins du casino)* ; ni le triste sort des Timides mal aimés par des « maîtresses plus prêtresses en ivresse qu'en tendresse » ; ni la vénalité de l'amour, déplorée dans *Les singes* ; ni la pudeur choquée devant l'ardeur des filles :

> (les filles) Ça vous donne son corps
> Ça se donne si fort
> Que ça donne des remords

Cette contradiction intérieure du héros brélien montre l'erreur sur laquelle se fonde sa misogynie : il attribue à la femme une trahison inhérente à sa propre recherche ambiguë. Inconsciemment, il veut satisfaire à la fois son besoin de tendresse et son désir sexuel : or, ces deux tendances se dupent et se contredisent en lui dans la mesure où l'une le porte à idéaliser la femme en princesse (et en mère, on le verra) et où, par la seconde, il la réduit au rang d'objet à posséder. Comment la femme peut-elle *se situer* en face du héros brélien, répondre à sa double attente, sinon en ayant l'air elle-même inconstante et contradictoire ? En réalité, elle n'est pas *reconnue* pour elle-même, comme elle serait en droit de l'attendre. A-t-il en effet poursuivi autre chose que l'image de ses rêves et de ses désirs (et donc, de lui-même), l'ex-amoureux qui chasse son amie en pleurs et en prières :

> Et toi matériel déclassé
> Va-t-en donc accrocher ta peine
> Au musée des amours ratées   *(La haine)*

Puisque le héros brélien attribue à ses partenaires le germe de ses déceptions, on comprend qu'il tente toujours de *recommencer* dans l'espoir de trouver la perle rare, non sans la certitude secrète d'un prochain échec. Et cette certitude de plus en plus claire l'amène à ne plus vivre l'amour que sous la forme d'une série de moments à consommer pour eux-mêmes : joie de partir « repêcher la tendresse », espoirs fous, jouissances du cœur et des sens, charmes de la douleur, mouvement des ruptures et puissance des cris... et puis l'on enchaîne, on recommence. Faute du « grand voyage » auprès d'un seul amour, il tendra à accumuler les excursions variées que procurent les amours de passage, car :

> On a beau faire on a beau dire
> Ça fait du bien d'être amoureux   *(Le prochain amour)*

Et voici le grand contempteur de l'infidélité des femmes conduit sur les pentes du don juanisme[1].

Alors, comme le temps presse, la quantité va primer la qualité. « Bon an mal an on ne vit qu'une heure », il faut donc épuiser le temps, c'est-à-dire « Tous ces printemps qui nous restent à boire » *(Pourquoi faut-il que les hommes s'ennuient ?)*.

---

1. Quelques citations du livre de Micheline Sauvage, *Le cas Don Juan*, s'appliqueront sans peine au Brel des chansons :
« Don Juan est l'homme qui ne veut pas s'habituer, le charme et le prix de l'adieu, c'est qu'il rompt l'habitude en train de se former (...) La séduction n'est donc pas pour le séducteur un but, mais un moyen : le moyen de ne pas s'ankyloser, de ne pas s'endormir, de ne pas vieillir (...) le renouvellement, c'est une technique de jouvence » (pp. 107-109).

On sacrifiera l'impossible tendresse, qui est patience : la passion sexuelle va seule conduire cette quête dégradée d'amour, - « il faut bien que le corps exulte », et le plus souvent possible, avant de mourir... L'amant brélien déplace sa haine de la femme sur la mort : il a compris que c'est la mort qui tue l'amour, le dessèche en habitude ; c'est du *temps* que les amants sont victimes, et au-delà de la tendre guerre, c'est contre lui qu'ils doivent se liguer (plutôt que s'unir), dans un même épicurisme tragique, pour réussir à « être vieux sans être adultes » *(Chanson des vieux amants)*. Il le disait déjà dans *Les amants,* qui très vite :

> Redeviennent deux habitudes
> Alors changent de partenaires

On voit qu'au terme de son évolution, Brel se réconcilie avec la femme dans la mesure même où il ne croit plus à l'éternité de l'amour, où il n'attend plus de la femme la réalisation d'un idéal, où il semble renoncer à la tendresse et ne chercher qu'à vivre à deux une sorte de don juanisme réciproque et désabusé. Pouvait-on s'attendre à cette évolution ? Y a-t-il des situations premières expliquant, au moins partiellement, l'idéalisme et la dégradation de l'amour brélien ?

● *L'éternel Œdipe ?*

Si en général la femme quitte le héros brélien, le plus souvent elle part *avec un autre* (ou bien, son amour va à un autre lorsqu'elle reste), comme en témoignent *Je ne sais pas, La Fanette, Les bonbons, Comment tuer l'amant de sa femme* et, à un moindre degré, *Le moribond, Le tango funèbre, A jeun,* ... Cette présence de l'*autre*, rival et séparateur, nous amène à nous demander si la relation primaire à la mère et la situation œdipienne ne seraient pas à l'origine d'un « complexe » qui expliquerait les rêves et les échecs du héros brélien, ainsi que son attitude finale, partagée entre l'abdication de l'idéal et la nostalgie de l'enfance.

1. LA RELATION A LA MÈRE. On sait que le besoin d'être aimé, la recherche de tendresse jusqu'à l'assujettissement ont souvent leur racine dans l'attachement de l'enfant à sa mère et dans les frustrations engendrées par le sevrage affectif. Or, la mère et

les thèmes qui lui sont liés apparaissent dans la chanson de Brel. *Quand maman reviendra* nous décrit chez un grand enfant de vingt ans un rêve caricatural de fusion familiale : l'abandon de la mère a disloqué la famille. Peu importe ici l'ironie de la peinture : Brel fait toujours la satire de réalités dont il se défend. Dans *Il nous faut regarder,* le dernier couplet est significatif : Brel y évoque « les berceuses des mères » auxquelles répondent « les prières des enfants », d'où il suit une symbiose qui mène au sommeil :

> Et le bruit de la terre
> Qui s'endort doucement

Citons aussi *Je prendrai* :

> Je prendrai
> Un nuage de ma jeunesse (...)
> Et qui aux jours de faiblesse
> Ressemblait à ma mère

On a d'autre part de fréquentes *images* maternelles, comme celle qui clôt *L'âge idiot* :

> ... On redevient petit enfant
> Dedans le ventre de la terre

Ou encore le symbole de la maison, dans *Mon enfance* :

> L'hiver j'étais au ventre
> De la grande maison

Inversement, ou corollairement, à l'image de la mère qui protège son Jacques par ses prières s'oppose celle de *Mathilde,* comparée à l'enfer. Par ailleurs, la tendresse dont le héros brélien a un besoin inassouvi, à condition qu'elle soit désintéressée, est un attribut maternel :

> Tu m'auras perdu
> Rien qu'en me voulant trop (...)
> Au lieu de te pencher
> Vers moi tout simplement

déclare le « héros » de *Dors ma mie* qui, en quittant « sa mie », semble paradoxalement et cruellement lui donner l'exemple de l'attitude maternelle idéale - protectrice mais non possessive - qu'elle n'a pas su avoir. Cette attitude est souvent consolatrice, et Brel évoque, dans *La tendresse,* « ton front / Penché sur ma détresse ». Désintéressée, cette tendresse s'oppose au désir sexuel, comme on l'a vu dans *Au suivant,* et comme le montre l'héroïne de *Vieille,* dont la « misanthropie » ressemble comme une sœur à la misogynie du héros brélien :

> C'est pour pouvoir chanter l'amour
> Sur la cithare de la tendresse
> Et pour qu'enfin on me fasse la cour
> Pour d'autres causes que mes fesses...

C'est pour cela donc que cette personne désire « devenir vieille ». A ce niveau, on retrouve le cœur tendre contredit par la sexualité dans sa quête de tendresse : le désir de l'homme s'oppose à celui de l'enfant, la femme désirable fait manquer la femme tendre, Mathilde fait perdre la Mère... même si notre héros recherche aussi une image maternelle dans la fascinante Mathilde, au risque d'être pris au double piège d'une féminité sexuellement possessive et affectivement surprotectrice : « Les étangs mettent les fleuves en prison » *(Le prochain amour).*

Cette nostalgie de la mère explique l'idéalisation de la femme. Rien d'étonnant à ce qu'elle soit si peu *physique,* puisque la quête de l'amoureux est centrée sur un type de *relation* plus que sur un objet (dans le premier temps, du moins). Les seins ? Précisément, ils sont des symboles maternels (cf. les métaphores du *Gaz* : ce sont « des reposoirs », « des soleils », « des miroirs », « du miel »). Rien d'étonnant non plus à ce que notre héros pressente une nouvelle naissance de la rencontre avec la femme (« Mon jour, mon pain, mon corps »), comme s'il allait *retrouver* une relation déjà connue (cf. *J'aimais).* On a l'impression qu'il ne grandit la femme que pour se refaire enfant auprès d'elle, et s'y blottir :

> Voilà que l'on se cache
> Dans chaque amour naissant   *(Vivre debout)*

En tout cas, c'est bien pour cette raison qu'il se rapetisse à la fin de *Ne me quitte pas,* cette fausse chanson d'amour : mais on peut se demander quelle place aurait eue l'amoureux, dès le début de la chanson, dans ce « domaine où l'amour sera roi, où l'amour sera loi, où tu seras reine », sinon celle d'un enfant ? Et s'il y promet l'impossible, n'est-ce pas encore avec une naïveté d'enfant qui se vante de pouvoirs magiques pour éblouir sa belle ? Rien d'étonnant enfin à ce que la nostalgie de la mère éclate au moment où le héros perd celle qu'il aime, refaisant l'expérience du premier sevrage affectif. Une même angoisse d'abandon anime le désespoir de *Jef*, de *L'ivrogne* et du héros de *Je ne sais pas*. Elle est présente aussi dans *Madeleine*, *Titine* ou *Les bonbons*, sous couvert d'une négation dérisoire et *infantile* de l'évidence : il n'est pas aimé.

Cette nostalgie de la mère bien établie, il nous sera aisé de la dépister dans ses manifestations symboliques. *Une île*, n'est-ce pas le rêve d'un îlot protecteur et maternel, entouré d'eau comme de féminité ? Qu'est-ce que cette île d'amour, « chaude comme la tendresse », sinon la mère ? L'eau « douce et profonde » où *Les désespérés* croient retrouver une « bonne hôtesse » est elle-même symbole maternel. Même chose pour « l'océane langueur » d'*Une île,* ou pour « les langueurs océanes » d'*Amsterdam*, lesquelles, comme par hasard, entourent de leur « chaleur épaisse » les « marins *qui naissent* » ! Nous retrouvons ici l'équivalence psychanalytique : la Mer = la Mère, et nous comprenons pourquoi l'aventure de l'amour s'accompagne si souvent de métaphores marines. Mais attention : l'Aventure, le Port, le Voyage, le Navire se fondent aussi dans le thème de la Mer comme symboles masculins complémentaires, et ils représenteront à ce titre un autre aspect du rêve œdipien - s'identifier au Père pour conquérir la mère.

Cela nous amène à parler de l'ambivalence de la relation à la mère : dans la mesure où la femme *répond* à la nostalgie du héros brélien, il éprouve aussi un échec et se sent immédiatement menacé d'être enveloppé - « engironné » pourrait-on dire - par le sentiment maternel. Il perd la passion, le mouvement, l'aventure dans la mesure même où il a réussi la régression inconsciemment rêvée. A cause de la surprotection maternelle et de sa dépendance absolue, comme on l'a vu, il voit son désir se figer, sa vie s'ankyloser, et il rate pour finir l'identification au père. Son rêve de tendresse s'est joué de son désir, comme son désir trahira son besoin de tendresse : nous comprenons alors l'origine profonde des « contradictions du cœur tendre » - elles viennent de l'ambivalence de la relation à la mère ; mais si celle-ci n'a pas pu être dépassée, c'est dans la relation au père qu'il faut en rechercher l'explication.

2. L'IMAGE DU PÈRE. A vrai dire, et comme par hasard, le père est quasi absent de l'univers brélien. Le « papa » de *Quand*

maman reviendra ou le « grand'père » de *Grand'mère* sont deux victimes de la femme, qui les a délaissés. Dans *Regarde bien petit,* où il n'y a pas de femme, un lien certain unit l'enfant et l'adulte. Même chose dans *Mon père disait,* où l'on a la seule très bonne image paternelle, liée aux légendes du Nord et à l'aventure : c'est un marin (cf. ce que nous venons de dire de la mer)[1]. Mais c'est tout. Le père est ou bien absent, ou bien valorisé *en l'absence de* la femme.

Or, cette dernière remarque s'applique aussi aux amis. Chaque fois que Brel chante l'amitié, c'est loin de la femme ou contre elle : *Jef* a été abandonné, son ami le console ; même chose pour *L'ivrogne* (« Ami remplis mon verre ») ; dans *Mathilde,* le héros supplie ses amis de l'empêcher d'aller à un nouveau chagrin d'amour ; dans *Fernand,* l'ami déclare :

    On boira du silence
    A la santé d'Constance
    Qui se fout bien d'ton ombre

Enfin c'est bien contre les femmes infidèles que le chanteur « rejoint » les marins d'*Amsterdam.* Inversement, dès qu'une femme intervient entre des amis ou qu'un ami rôde autour d'un couple, c'en est fini de l'amour et de l'amitié : le héros brélien voit celle qu'il aimait le quitter pour son ami. C'est l'histoire même de *La Fanette,* mais la situation se retrouve dans *Le moribond, A jeun* (où l'ami André est aussi son *chef* de bureau, Ducnœud), etc. Plus généralement, on remarquera que chaque fois qu'un couple ne peut se faire, il y a présence d'un tiers qui l'*interdit* : c'est le cousin (Joël, Gaston ou Gaspard) dans *Madeleine,* l'ami Léon dans *Les bonbons,* « les autres » qui « ne veulent pas » céder Frieda dans *Ces gens-là.* Enfin, les hommes interviennent comme *séparateurs* des amants (par la guerre dans *La colombe*) ou comme destructeurs de l'amour (par la vénalité dans *Les singes*), et ceci, précisément, lorsqu'ils se déguisent en Autorités ou Institutions (voir « Brel et la Société »).

Il n'est pas indifférent de noter ici que le respect ou la révolte contre les Institutions s'inspirent souvent des premiers sentiments (ambivalents) envers le Père : serait-ce donc *lui*

---

1. On peut rapprocher de lui l'image paternelle des vieux et sages bergers, qu'on a envie de suivre car ils content des histoires : « Et nous croyons une heure faire partie du voyage » *(Les bergers).*

qui, faux ami et méchant homme, empêche la réalisation des amours du héros brélien ? Oui, la plupart du temps. *Au suivant* est une chanson bien intéressante à ce sujet : l'Armée, « la voix des nations » et « la voix du sang » s'y incarnent dans un adjudant, ce qui est déjà révélateur d'une figure paternelle ; or, « cet adjudant de mes fesses » a pour rôle à la fois de flétrir l'image de la femme que se faisait le héros brélien et de frustrer celui-ci de la tendresse qu'il désirait. N'est-il pas *le mauvais père* par excellence, qui en même temps dépossède le fils de sa mère et avilit celle-ci (aux yeux de l'enfant) en en faisant un objet sexuel ? On comprend alors le délire qui saisit « le suivant » : il revit tragiquement le traumatisme œdipien, il se voit forcé de jouer le rôle masculin au cours de la scène primitive[1]. On comprend sa haine généralisée des adultes et sa révolte contre les Singes, contre le Roi, contre Dieu, qui s'alimentent au désir profond de « tuer le père ». On comprend enfin pourquoi, dans la chanson, c'est si souvent un ami qui vole la bien-aimée : *l'autre,* que préfère la femme, est forcément *connu* puisqu'il rappelle tant, aux yeux de l'amoureux brélien en quête de fusion maternelle, la fonction séparatrice du père-rival.

Ainsi, tant que la femme était absente, le grand Ami était aimé comme le Père auquel il faut s'identifier : la relation était chaleureuse. Mais c'était rare. Le plus souvent, la femme est là et l'ami devient rival, qui la prend et la dégrade. Et cela empêche le héros brélien de devenir adulte, en dépit de ses élans vitaux ; c'est ainsi *parce qu'il ne peut pas devenir comme le père* qu'il ne peut dépasser ses contradictions de cœur tendre, et qu'il reste divisé entre ses rêves d'aventures, ses désirs de régression et ses pulsions sexuelles. Aussi comprend-on que Brel à la fois glorifie la vie et ait peur de la vie.

3. LA SITUATION TRIANGULAIRE IMPOSSIBLE. Le triangle de relations enfant-mère-père explique donc pour une bonne part les avatars du héros brélien : la situation triangulaire évolue *toujours* vers sa défaite. Or, cette situation triangulaire ne cesse d'exister, alors même que le héros est en relation avec un

---

1. « Scène de rapport sexuel entre les parents, observée ou supposée d'après certains indices et fantasmée par l'enfant. Elle est généralement interprétée par celui-ci comme un acte de violence de la part du père » (*Vocabulaire de la psychanalyse,* Laplanche et Pontalis).

seul « parent » : dans le rêve d'identification qu'il fait auprès du père (ou de ses substituts), il désire la mère *au bout de l'aventure,* s'exposant à dégrader par la possession sexuelle celle dont il attend la tendresse idéale ; dans le rêve de tendresse protectrice qu'il fait auprès de la mère (ou de ses substituts), il reste hanté par l'image du père qui appelle l'aventure, et se sent obligé de fuir un bonheur-piège qui trahirait son idéal d'homme. Bien entendu enfin, quand la situation triangulaire est explicite, elle ne dure pas, et le héros brélien se retrouve seul, gros Jean comme devant, abandonné par le couple qui se forme hors de lui.

On comprend dès lors que la révélation de la « situation à trois » touche si souvent le héros brélien dans un moment funèbre où l'amour et la mort se rejoignent. C'est qu'impossible, la situation à trois doit cesser par la suppression de l'un de ses termes au moment même où elle se révèle : l'intéressé meurt dans *Le moribond* et *Tango funèbre* ; l'intéressée est décédée dans *A jeun* ; le couple coupable périt dans *La Fanette* ; enfin, dans *Comment tuer l'amant de sa femme,* le cocu se fait esclave, se nie lui-même, par une lâcheté masochiste qui s'apparente au suicide. Mais c'est aussi que la situation œdipienne, vécue comme une mort affective - la première - par le fils dépossédé de sa mère, appelle une atmosphère de deuil : alors accourent les images funèbres dont Brel se souvient et qui ont marqué son enfance (cf. « ces ronds de famille / Flânant de mort en mort / Et que le deuil habille » dans *Mon enfance*). Le deuil œdipien nous paraît remarquablement évoqué par l'atmosphère de *Je ne sais pas,* au cours de cette déchirante marche du héros jusqu'à la gare, qui passe par les « cathédrales où l'on prie pour les amours mortes ». Cette marche est expressément comparée à un enterrement ; successivement, la pluie, la route, la ville, les rues

Vierges et froides froides et nues

sont ressenties comme des féminités indifférentes par celui qui est abandonné ; et quand il parvient enfin à la gare, c'est pour y pleurer le départ d'un couple :

Un couple dont tu es la femme

Étonnante ambiguïté de ce vers ! Il n'y a rien à y changer pour y lire l'histoire d'un enfant que *l'autre* dépossède de sa mère ; et son deuil est absolu, car leur départ, dit-il :

Brise mon cœur et mon corps
Notre amour et mon avenir

On comprend que Brel ignore « pourquoi » sa peine est si intense : elle renouvelle un sevrage œdipien vécu comme un abandon des *deux* parents. Encore heureux ici que le couple ne se moque pas de lui, comme il le fait dans *La Fanette* :

Faut dire qu'ils ont ri
Quand ils m'ont vu pleurer

Telle est la leçon de l'amour : une éternelle défaite, celle d'un éternel Œdipe.

Ne me quitte pas prend alors son vrai sens : c'est la chanson œdipienne par excellence. Le héros *s'écrase* littéralement parce qu'il ne peut séduire ; il quémande la tendresse parce qu'il ne peut imposer son désir d'homme (ni supporter la solitude) - parce qu'il ne peut pas être le père, ce rival dont il ne parle pas mais dont il essaye d'égaler la puissance dans les deux strophes de promesses. Mais en vain : elle partira. Alors apparaît la plus profonde et dernière raison de la misogynie de Brel : c'est la révolte profonde contre la fatalité du sevrage œdipien, dont la femme est tenue pour responsable. Cette révolte alterne avec la nostalgie : la régression impossible continue d'être désirée, elle va pour finir se fixer sur la mort, dernière femme, dans le sein de laquelle on redevient petit enfant. Et la boucle est bouclée.

Il faut cependant reconnaître qu'au-delà de la question sexuelle qui brouille les amants trop exclusifs et sépare les amis trop rivaux, la tendresse et l'amitié restent deux valeurs qui survivent aux déceptions du héros brélien. J. Clouzet l'a très bien montré. Pour notre part, c'est dans l'exemple de deux couples, celui des *Vieux amants* et celui des *Vieux,* que l'amitié et la tendresse nous semblent sauvées et d'ailleurs réunies. Dans *La chanson des vieux amants,* la « tendre guerre » a eu raison des tempêtes, la tendresse a pacifié l'érotisme. Dans *Les vieux,* nous trouvons un compagnonnage émouvant de deux êtres menacés par la mort. Mais hélas, en vain : « Ils se tiennent la main ils ont peur de se perdre et se perdent pourtant. » Même l'amitié et la tendresse ne peuvent abolir le temps.

LA SOCIÉTÉ

Au dynamisme de la vie spontanée, la société va opposer des forces de mort. On a vu que les adultes et leurs institutions ne favorisaient guère les amours du héros brélien : mais ce rôle nocif va commencer dès l'enfance. La société n'accepte ni les élans ni la vie de l'enfant. Il faut endiguer la vie, faire rentrer le fleuve dans le lit et, ce faisant, le tarir. « Les adultes sont tellement cons » *(Fernand)* qu'ils ne supportent pas le regard des enfants qui les remplit de honte :

> Et j'aimerais que mes enfants ne me regardent pas
> *(La statue)*

L'apprentissage social va être pour Brel un dressage, sous le joug d'institutions diverses qui ont toutes pour fonction de préparer des adultes adaptés à la société telle qu'elle est. Aussi allons-nous suivre l'enfant jusqu'à « l'âge idiot » - qui commence à vingt ans - et voir comment les institutions sociales vont le modeler progressivement.

● *Le satirique*

1. LA FAMILLE. « Je ne suis pas fait pour les liens familiaux » (Album Barclay). Les premières images qui apparaissent aux yeux de l'enfant sont celles d'un monde triste et pesant :

> Les fenêtres surveillent
> L'enfant qui s'émerveille
> Dans un cercle de vieilles
> A faire ses premiers pas
> *(Les fenêtres)*

> Je m'étonnais encore
> De ces ronds de famille
> Flânant de mort en mort
> Et que le deuil habille
> *(Mon enfance)*

Dans *Bruxelles,* évoquant ses grands-parents et la Belle Époque, il conclut :

> Ils étaient gais comme le canal
> Et on voudrait que j'aie le moral

Mais surtout la famille est l'institution qui transmet la morale traditionnelle, les règles et les tabous qui permettront la reproduction de la cellule familiale. *Les Flamandes* agissent comme elles le font parce que :

C'est ce que leur ont dit leurs parents

Ainsi de génération en génération se succéderont ces êtres passifs, obéissants, se reproduisant selon le même modèle. La surveillance et la sévérité des « pères » est nécessaire pour fabriquer l'élite :

Les Jules et les Prosper
Qui seront la France de demain   (Rosa)

La famille transmet ses désirs et ses frustrations : ce que le père n'a pu faire, il le fera faire à son fils. Par exemple, les fils

... seront pharmaciens
Parce que papa ne l'était pas   (Rosa)

La « cellule » familiale est encore un lieu clos, qui fait obstacle au souffle de la vie et à l'amour. Dans *Ces gens-là,* famille où tout est sombre, froid (même la soupe), seule Frieda, la jeune fille, « belle comme un soleil », aime la vie ; mais toute la famille se ligue contre cette intrusion de la vie et de l'amour. De même, dans *Madeleine,* ce sont tour à tour les cousins Joël, Gaston, Gaspard qui s'opposent à ce que le garçon fréquente la jeune fille. La famille ne croit qu'au mariage. Et pourtant, quel délabrement derrière les grands mots ! « La sainte famille » du jeune homme de *Quand maman reviendra* est disloquée, chacun roulant sa bosse. Le héros de *Titine* court après sa femme en traînant avec lui douze enfants ! Derrière la morale officielle, la vie prend sa revanche : chaque famille cache ses tromperies, ses drames et fait en sorte que les enfants connaissent les mêmes échecs et les mêmes impasses.

2. L'ÉCOLE. Une seule chanson de Brel évoque l'univers scolaire mais elle est sans ambiguïté : *Rosa*. L'enfant poète qui y était entré va perdre dans ce lieu toutes ses facultés d'imagination. Le collège est décrit comme un lieu froid et rigide, « qui prend les rêves au piège » pour apprendre aux enfants, en contrepartie, à ânonner les déclinaisons latines et à se bourrer le crâne de « tout ce qui ne leur servira pas ». Mais ce n'est pas pour autant une période inutile : l'école constitue un apprentissage de la Société et de la lutte pour la

vie. Notes, classements, compétitions, il s'agit de la machine à sélectionner la future élite :

> C'est le tango des forts en thème
> Boutonneux jusqu'à l'extrême
> Et qui recouvrent de laine
> Leur cœur qui est déjà froid

Déjà le froid - signe de mort - s'empare des enfants ; déjà de nombreuses facultés de l'enfance disparaissent à jamais ; déjà on a inoculé en eux l'ambition, l'arrivisme, l'ennui. L'école, c'est encore l'endroit où l'on parle des morts - les héros du passé - qu'on offre en exemple aux enfants. On parle des héros guerriers *(Il nous faut regarder)*, on montre aux enfants les statues qu'on leur a dressées, sur lesquelles on grave de grandes formules :

> Il est mort comme un héros
> Il est mort comme on ne meurt plus (...)
> Il a vécu toute sa vie
> Entre l'honneur et la vertu   *(La statue)*

Or, derrière ces grands mots se cachent des réalités médiocres : la statue est le symbole même de la mort, de la froideur, de l'hypocrisie puisqu'elle transforme une réalité ondoyante, complexe, en une image unique et édifiante. Précisément, *La statue* dévoile l'inanité de la morale officielle enseignée aux enfants. Mais, à côté de la morale diffusée par l'école, il en est une autre : celle de la religion.

3. LA RELIGION ET LES BIEN-PENSANTS. Religion et école vont de pair ; ainsi le héros de *Comment tuer l'amant de sa femme*, qui a « reçu la croix d'honneur chez les bonnes sœurs », est particulièrement timoré et passif. La religion fait se prosterner les hommes devant des statues, des croix - symboles de mort. Tout ce qui touche à la religion se voit attribuer les qualificatifs de rigide, froid, sombre, intolérant. Dans des lieux clos qui ne laissent passer ni lumière ni chaleur, la religion fait plier les hommes :

> Voilà qu'on s'agenouille
> D'être à moitié tombé
> Sous l'incroyable poids
> De nos croix illusoires   *(Vivre debout)*

— 31 —

Elle leur enseigne le remords, la peur, l'humilité, la résignation ; dans l'île utopique dont il rêve, Brel chante :

> Là-bas ne seraient point ces fous
> Qui nous disent d'être sages (...)
> Qui nous cachent les longues plages
>
> *(Une île)*

La religion fabrique des êtres étriqués, passifs tels que *Les Flamandes* qui, pour faire plaisir à leurs parents mais aussi au

> ... bedeau et même son Éminence
> L'Archiprêtre qui prêche au couvent

vont mener une vie mesquine faite de traditions et de réputation à tenir. A ces êtres déjà gagnés par la mort, il faut une pensée toute faite, qui ait la fixité de la pierre, qui ne remette pas en question dogmes et certitudes. Toutes ces Flamandes, bigotes, dames patronnesses peintes par Brel sont les héritières de cette Église médiévale avec ses serviteurs

> ... bardés d'intolérance
> Pour chasser en apôtres d'autres intolérances
> Car ils ont inventé la chasse aux Albigeois
> La chasse aux infidèles et la chasse à ceux-là...
>
> *(Les singes)*

C'est encore une pensée qui écarte la vie, qui apprend que « l'amour est un péché » *(Les singes)*, qui apprend à se préserver des garçons *(Les bigotes)*. Cette force de mort, on la rencontre enfin chaque fois qu'on a peur, chaque fois qu'on va mourir ; alors se présente

> ... le flic sacerdotal
> Penché vers moi comme un larbin du ciel
>
> *(La la la)*

La religion constitue donc bien cette force de vieillissement (cf. dans *Regarde bien petit* : « Un abbé porteur de ces fausses nouvelles qui aident à vieillir »), qui empêche de « vivre debout », qui fait baisser les yeux, et qui vient s'interposer entre le regard de l'enfant et la beauté des choses. Si la religion est souvent dénoncée comme force anti-vie, il est cependant des chansons *(Sur la place, Le moribond)* où Brel nuance son jugement, reconnaît certains mérites aux croyants et à leur idéal. Inébranlable, par contre, demeure sa lutte contre le cléricalisme.

4. L'ARMÉE ET LA GUERRE. Malgré les jougs de la famille, de l'école, de la religion, la vie demeure la plus forte : l'adolescence éclate, et risque de briser les carcans dans lesquels on veut l'enfermer. L'armée intervient alors et va définitivement mater l'enfance. Avec le service militaire, la machine à fabriquer des idiots se met en branle :

> L'âge idiot c'est à vingt fleurs (...)
> Et qu'on s'endort tout'les nuits
> Dans les casernes   *(L'âge idiot)*

Machine à *uniformiser* (aux deux sens du terme), elle dégrade et mutile les personnalités qu'elle ignore. Le symbole de la caserne *(L'âge idiot)* est utilisé sciemment : lieu clos entouré de hauts murs, image même de la claustration à l'abri de la vie, au service de la mort. Dans *Au suivant,* Brel met en scène ce dressage qui consiste à ramener chacun à un modèle primaire. Le bordel de campagne constitue un bon exemple de l'armée qui tue, chez le héros de la chanson, le goût de l'amour et de la vie, qui fabrique, avec ses mythes de la virilité, « des armées d'impuissants », c'est-à-dire d'êtres chez lesquels la source de vie, de tendresse, est en partie tarie à force de frustrations et de dégradations.

Le commandant de l'armée est représenté par « cet adjudant de mes fesses » ou par « le caporal Casse-Pompon », individus bornés, grossiers, qui voudraient transformer le monde en énorme caserne et qui, en attendant, dressent les jeunes pour leur apprendre « la vie ». En dehors de ce dressage, l'armée est faite pour les guerres. Les enfants sont envoyés à la boucherie à cause des adultes :

> Plus fort que les enfants
> Qui racontent les guerres
> Et plus fort que les grands
> Qui nous les ont fait faire   *(Il nous faut regarder)*

Au moment même où les adolescents pouvaient rencontrer le bonheur *(Mon enfance),* on les embarque pour le front avec

> ... les chants les cris
> Des foules venues fleurir
> Ceux qui ont le droit de partir
> Au nom de leurs conneries   *(La colombe)*

Alors le jeune soldat, arraché des bras de la femme aimée, peut se demander :

Pourquoi l'heure que voilà	Les phrases déjà faites
Où finit notre enfance	Qui suivront l'enterrement (...)
Pourquoi les monuments	Pourquoi les jours de gloire
Qu'offriront les défaites	Que d'autres auront payés
	(La colombe)

Il s'agit de fabriquer ces héros auxquels on dressera des statues (cf. *La statue*) et, à cette occasion, on prononcera des discours patriotiques. Énorme mystification que Brel dénonce. Car cette armée qui dresse ou tue les jeunes protège ceux « dont le ventre se ballotte » et qui ont peur des jeunes (cf. *L'âge idiot*), ceux qui ont besoin qu'on protège leurs fortunes. Les jeunes qui en réchapperont auront été dressés ; désormais ils auront bien les pieds sur terre. Le héros adolescent de *Mon enfance* « volait » à l'époque de son premier amour : la guerre venue, c'en est fini. Maintenant que l'enfance est presque matée, l'homme adulte peut s'installer dans la société et y faire « sa place ».

5. LE STATUT SOCIAL. L'EMBOURGEOISEMENT. Vingt ans est un âge difficile, moment d'inquiétude et de malaise ; on sent qu'on renie son enfance et, pour ne pas y penser, on s'étourdit dans la bière afin de « brûler nos vingt ans » *(Les bourgeois)*, ou dans la musique :

On a tell'ment besoin d'chansons
Quand il paraît qu'on a vingt ans   *(Quand maman reviendra)*

Reprenant la phrase de Paul Nizan dans *Aden-Arabie*, Brel décrit dans *Vieille* :

Ces vieillards qui nous ont dit
Que nos vingt ans que notre jeunesse
Étaient le plus beau temps de la vie

Mais vingt ans, c'est aussi le moment où l'on se « range » :

L'ombre des habitudes
Qu'on a plantées en nous
Quand nous avions 20 ans   *(Vivre debout)*

Un beau jour, on ne se pose plus de questions, ON SE POSE, ON EST, ON A un statut social. Les forts en thème de *Rosa* sont devenus « la France d'aujourd'hui », les autres

sont notaires, pharmaciens, épiciers, caporaux, commissaires.
Il y a aussi ceux qui ont moins bien réussi, ce personnage de
Ces gens-là par exemple,

> Qui fait ses p'tit'affair'
> Avec son p'tit chapeau
> Avec son p'tit manteau
> Avec sa p'tit'auto

Désormais ils ont

Le cœur au repos	... le ventre prend naissance
Les yeux bien sur terre	... le ventre prend puissance
(Les bourgeois)	... il vous grignote le cœur
	(L'âge idiot)

Brel, pour peindre cette sclérose, cet embourgeoisement de
l'âme et du corps, a l'art d'évoquer ces villes de province -
appesanties au milieu des plaines, loin de la mer et des ports
(qui permettent les départs) - vivant au ralenti, étouffantes
d'ennui, avec leurs notables qui organisent des soirées *(Je suis
un soir d'été)*, avec leurs divertissements médiocres, la bière,
la nourriture, la chair - ses adultères et son bordel minable, les
commérages, les enterrements, les promenades (cf. aussi
Pourquoi faut-il que les hommes s'ennuient).
  Les hommes acceptent de vivre en troupeau, de se réduire à
un statut, à une situation acquise : on ne sera plus que notaire,
pharmacien ou épicier. De là, l'emploi du pluriel qui est
presque toujours péjoratif : *Les Flamandes, Les bigotes, Les
dames patronnesses, Les singes, Les bourgeois*, etc. Ils sont
tous sur les rails qui les mèneront jusqu'à la mort sans
imprévu. Brel note d'un œil sarcastique l'évolution : le ventre
« se ballotte », « ventripote », « bouffe le cœur ». Désormais,
« on se croit protégé par les casernes » *(L'âge idiot)* ; on va se
plaindre à « Monsieur le Commissaire » des injures des jeunes
« peigne-culs » *(Les bourgeois)*. Rétrécissement de l'esprit,
sécheresse du cœur, hypocrisies, voilà, selon Brel, les signes
du vieillissement social. Mais comment échapper à cet
embourgeoisement ? Brel, dans ses chansons, dénonce une
classe sociale, celle des riches, des puissants et montre, à tous
les niveaux, les ravages qu'elle opère. Le ton est souvent celui
du pamphlet ou de l'humour noir. Sa chanson attaque et
porte. Est-ce pour autant une chanson révolutionnaire ?

● *Le solitaire*

Brel nous appelle-t-il à l'action ? Sous des formes variées, on note, à la fin de ses chansons, après l'élan de la dénonciation, une rupture, un brusque freinage, un silence prolongé puis une constatation anodine ou elliptique :

Mais il est tard Monsieur   Ce n'est qu'après,
Il faut qu'je rentre, chez moi   [longtemps après…
(Ces gens-là)   *(Fils de …)*

Ces silences se révèlent plus importants que ce qui est dit. On éprouve le sentiment d'une impasse. D'autres fois, on assiste à la reprise ironique du refrain qui montre que ce qui vient d'être dénoncé est toujours bien présent et nargue Brel *(Les Flamandes)*. Parfois une interrogation vient terminer la chanson :

Serait-il impossible de vivre debout ?
Pourquoi faut-il que les hommes s'ennuient ?

On a l'impression que Brel a peur d'aller plus loin ; il existe un fossé entre ce qu'il dénonce et lui : «Il se fait tard Monsieur.» En réalité, cela veut dire : A quoi bon ? Il est trop tard et puis, je suis seul, faible, déjà usé. Que puis-je faire face à ces rouleaux compresseurs que sont «ces gens-là», ces «Flamandes», ces «bourgeois» ? Alors, la chanson de Brel prend une coloration de plus en plus noire, sarcastique. L'humour noir, comme on l'a souvent dit, est le fait d'un homme désespérément seul, c'est «la politesse du désespoir», une façon de prendre ses distances par rapport à ce qu'on observe parce qu'on ne peut pas ou on ne veut pas faire plus. Comment expliquer ce recul désespéré, ce renoncement ?

1. L'INDIVIDUALISME BRÉLIEN OU LE REFUS DU COLLECTIF. Il y a chez Brel un terme péjoratif fréquent : le troupeau. Ce sont tous ceux qui vivent en groupe, qui ont accepté les conventions, qui vieillissent dans le confort intellectuel et la bonne conscience. On a vu aussi le caractère péjoratif du pluriel LES ou CES : il s'agit de ceux sur lesquels on peut mettre une étiquette (un numéro, dit-il dans *Les singes*). Or, cette condamnation du troupeau, des pluriels, entraîne un refus du collectif. Sa défense de la personnalité individuelle contre des institutions sclérosantes débouche sur un refus

global de toute institution et de toute action collective. Dans une chanson comme *Il nous faut regarder,* il oppose la vie collective de la Cité avec ses misères, ses luttes, ses «cris de colère», «ces mains (...) qui sont poings levés» (tous des termes au pluriel) à ce qu'il faut regarder et qui n'est pas de nature *sociale* : «l'oiseau, le murmure de l'été, le sang qui monte en soi», etc. On trouve rarement une notation comme celle de *Voir* :

> Voir une barricade
> Et la vouloir défendre

Beaucoup plus souvent, au contraire, il y a condamnation de l'action collective contre l'ordre existant (*Le diable, Les bonbons 67,* etc.) Ce qui domine Brel, c'est une véritable fascination du monde bourgeois et, à la manière de Gustave Flaubert, une contemplation de la bêtise et de la laideur bourgeoises. Toutes ses chansons peignent des bourgeois, des petits-bourgeois, des gens qui veulent devenir bourgeois. Mais, du coup, hypnotisé par la pesanteur, par la sûreté de soi de ce monde, s'en séparant, *mais sans le quitter des yeux,* pour exorciser le bourgeois qui sommeille en lui, Brel se retrouve isolé ; il s'est coupé de son milieu d'origine sans pour autant découvrir le monde d'en face : les travailleurs sont quasiment absents de son œuvre ; il les ignore, à moins que l'embour-geoisement ne soit pour lui un état d'esprit contagieux qui domine la société dans son entier et qu'il n'y ait rien à espérer d'un monde qui est déjà contaminé par l'esprit bourgeois.

Lors même que Brel expose un projet positif, celui-ci débouche sur une utopie, qui n'est pas collective, mais à deux personnages *(Une île, Heureux, Je prendrai).* Son idéal repose sur le couple qui vit en marge de la société :

> Les amants ... s'aimeront
> Par-dessus les hommes   *(Heureux)*

Et, lorsqu'il aura fait l'expérience de l'échec amoureux, Brel se retrouvera complètement seul *(Fernand, Seul, Jef,* etc.).

Il transformera alors cette solitude en fatalité métaphysique, en situation irrémédiable dans la destinée humaine :

> Mais lorsqu'on voit venir
> En riant la charogne
> On se retrouve seul   *(Seul)*

2. LA NATURE HUMAINE ET LE FATALISME MÉTAPHYSIQUE.

Incapable de dépasser la contradiction individualisme-embourgeoisement par un projet positif d'engagement social, Brel va transformer ce qu'il avait perçu avec une acuité et une sensibilité très puissantes sur le plan existentiel en fatalité métaphysique, en impasse de l'Homme. Il va « essentialiser » les structures sociologiques qu'il avait examinées, n'en faisant plus que des matérialisations actuelles d'une condition éternelle. En animalisant les institutions, il porte sur elles un regard qui les désactualise, les détache de tout contexte historique : une chanson comme *Les singes,* construite comme une fable, naturalise les vices de notre société. *Vivre debout* peint admirablement les limitations et les auto-limitations de l'homme qui se mutile, qui refuse de laisser s'épanouir en lui l'humanité ; mais, pour Brel, l'interrogation qu'il soulève, « serait-il impossible de vivre debout ? », amène presque certainement une réponse négative :

> ... notre espoir
> Se réduit à prier
> Alors qu'il est trop tard
> Qu'on ne peut plus gagner
> A tous ces rendez-vous
> Que nous avons manqués

Il y a désormais chez Brel un constat pessimiste : l'ennemi est en nous ; la nature humaine est fondamentalement victime de tares métaphysiques qui font que nous ne pouvons que rencontrer des défaites. (Ce terme va devenir obsessionnel au fil de ses chansons.) De plus en plus Brel s'installe dans un univers de l'acceptation fataliste, de l'échec irrémédiable, ponctué de temps à autre par un cri d'impuissance :

> Je sais je sais que ce prochain amour
> Sera pour moi la prochaine défaite
> Je sais déjà à l'entrée de la fête
> La feuille morte que sera le petit jour
> *(Le prochain amour)*

> On n'oublie rien de rien
> On n'oublie rien du tout
> On n'oublie rien de rien
> On s'habitue c'est tout
> *(On n'oublie rien)*

L'ennui, déjà rencontré, devient lui aussi important dans le monde brélien ; et l'on n'est pas loin de l'univers de Pascal : misère de l'homme sans Dieu. Le suicide *(L'éclusier)* apparaît comme un remède possible à l'ennui lorsqu'on ne réussit pas à s'étourdir, à oublier sa misère dans le divertissement (la bière, les femmes, le mouvement). Nous verrons plus loin en quoi ces éléments apparentent Brel au nouveau théâtre ou « théâtre de l'absurde ».

3. LES IMPASSES

L'échec et la mort. Brel est de plus en plus fasciné par l'échec et la mort. Une chanson comme *Zangra* montre l'homme incapable de prévoir et de construire son avenir. Zangra, jeune lieutenant, était prêt pour les combats mais, dérision du sort, la bataille éclatera lorsqu'il sera devenu trop vieux : l'homme est le jouet du destin ; il ne maîtrise pas les événements et ne peut donc peser sur eux. Brel insiste aussi sur le déterminisme du cadre géographique *(Le plat pays, Mon père disait, L'Ostendaise, L'éclusier).* Que peut faire l'homme contre un paysage si triste, qui pousse au suicide ? On assiste à un curieux renversement dialectique : alors qu'il débusquait les forces de mort avec tant de violence, Brel donne de plus en plus de place à la mort dans ses chansons. Pour fuir la mort-vieillissement, la mort quotidienne de l'embourgeoisement vers laquelle on se dirige « à petits pas », il ne voit plus de recours que dans la mort elle-même, mais drapée dans une image plus grandiose :

> L'âge d'or c'est quand on meurt (...)
> Qu'on a les yeux enfin ouverts
> Mais qu'on ne se regarde plus
> Qu'on regarde la lumière
> Et ses nuages pendus
>
> *(L'âge idiot)*

La mort, ici, permet de regarder de nouveau, de voir enfin la lumière. C'est, au terme de la trajectoire, une façon de retrouver l'image de l'enfant tant valorisée : car cet enfant que la société a tué, la mort peut le restituer à la façon d'une mère dérisoire et illusoire.

L'enfance. En même temps qu'il se tourne vers la mort, Brel reconstruit donc le mythe du passé enfantin issu de son refus de la société et des adultes (« qui sont déserteurs », dit-il dans sa dernière chanson, *L'enfance*). Cette régression dans le passé se fait à deux niveaux : par la mythification de l'enfance, par la constitution d'une mythologie enfantine - vaines tentatives en comparaison de ses premiers élans vers la vie. Si l'enfant a toujours été une valeur première pour Brel, nous avons vu que, en prise avec les institutions sociales, c'était un enfant réel que Brel peignait. Désormais l'Enfance est mythifiée :

> Tous les enfants ont un empire (...)
> Tous les enfants sont des sorciers (...)
> Tous les enfants sont des poètes...   *(Fils de ...)*

Ses dernières chansons *(Un enfant, L'enfance)* ne semblent mythifier l'enfance que pour dévaloriser le monde adulte et toute action à entreprendre dans ce « monde qui s'entête à vouloir devenir grand » *(Un enfant)*.

Parallèlement, Brel développe sa mythologie enfantine autour du thème de l'Aventure, de la quête et de la conquête qui mettent en valeur l'individu en lutte avec les éléments naturels et humains. Le thème du conquérant prend deux figures ; c'est d'abord le Conquistador, le navigateur en partance pour des pays exotiques :

> C'est le tango de la pluie sur la cour (...)
> Qui m'a fait comprendre un beau jour
> Que je ne serais pas Vasco de Gama   *(Rosa)*

(cf. aussi *La toison d'or*). A Jef, le clochard désespéré, son compagnon propose :

> Viens ! Il me reste ma guitare
> Je l'allumerai pour toi
> Et on s'ra espagnol
> Viens ! comm'quand on était môme   *(Jef)*

On peut comprendre ce qui a pu séduire Brel dans Don Quichotte, *L'homme de la Manche,* conquérant du rêve, héros solitaire qui arrive trop tard dans un monde trop étroit, où il n'y a plus de place pour l'Aventure. L'autre figure de cette mythologie enfantine est empruntée au mythe du Far west - un Far west d'avance perdu, comme on l'a vu : c'est le thème de l'émigrant, du cow-boy, du chercheur d'or (cf. son film *Le Far west* avec la chanson *L'enfance*), qui vivent loin des lois mesquines de la Cité, au milieu des grands espaces et du soleil. Ainsi s'inversent tous les thèmes positifs de la vie brélienne : l'enfance est devenue régression, la quête fuite et l'espace solitude. On n'est pas loin de l'homme absurde que Camus peint dans *Le mythe de Sisyphe* : de même que l'expérience amoureuse du héros brélien le faisait rejoindre Don Juan, de même la figure du conquérant et de l'aventurier, homme sans Dieu et sans idéal social, qui vit dans l'instant, se rapproche de l'éternel Sisyphe solitaire. Mais ici, il s'agit en plus d'un conquérant *qui refuse d'être adulte,* c'est-à-dire qui cherche à vivre individuellement ses rêves d'enfant sans se compromettre avec les conventions sociales. Refus du collectif, sens de l'absurde humain, fascination de la mort, régression dans le passé et la mythologie enfantine, l'œuvre de Brel débouche sur une aventure individuelle et il était presque logique qu'il cesse de chanter car la tension forces vitales-forces de mort qui faisait la puissance de ses chansons a disparu au profit d'une recherche qui n'intéresse plus que l'individu Brel.

Mais précisément, celui-ci a cessé de chanter : sa désespérance s'est tue le jour où elle a compris qu'elle pouvait devenir système à fabriquer des chansons. C'est la grande leçon de *Jacky,* où Brel récuse toutes les façons de se vendre. Et par ce retour à Jacky et « aux silences d'autrefois » *(Le cheval),* en quittant l'univers clos dont il a épuisé les thèmes, Brel sauve sa régression mythique par un acte adulte, un acte de fidélité à sa véritable enfance, celle qui refuse l'installation dans la réussite.

2 | Poétique

LES INTENTIONS DE L'ARTISTE

Nous avons bien conscience de l'hérésie que nous commettons en étudiant la poétique de J. Brel indépendamment de sa musique : on sait en effet que, pour la plupart des chansons, l'écriture textuelle et l'écriture musicale ont été produites ensemble. Même si les chansons forment déjà, du simple point de vue verbal, un univers poétique, même si nous nous risquons ici ou là à quelques remarques sur leur musique, nous reconnaissons volontiers les limites de notre approche, qu'une indispensable étude musicologique devrait compléter : l'art de Brel est un.

Cet art, quatre tendances esthétiques nous semblent le dominer, le plus souvent conscientes chez l'auteur-compositeur-acteur :

1. L'intention fondamentale de J. Brel est d'exprimer avec force, dans le sens absolu du mot *expression* : à la fois jaillissement hors de soi d'un contenu intérieur et effort pour « saisir » ou émouvoir autrui par la toute-puissance du SIGNE. Il accentue, surcharge, et recherche l'effet - l'effet dramatique, lyrique ou musical. On peut parler à son propos d'une esthétique de l'effet, par opposition à l'art de la retenue et de la litote classique. Brel est un romantique qui se donne pour conquérir.

2. La deuxième intention du compositeur, au service de la première, tient dans sa recherche d'*adéquation entre les mots*

et les choses : l'expression sera d'autant plus forte en effet que le signe semblera manifester *par lui-même* ce qu'il représente. Cela éclate dans la diction de Brel : lorsqu'il prononce le mot *craquer (Le plat pays)*, il le fait littéralement craquer dans sa gorge pour que le son et le sens se renforcent en se fondant. C'est aussi une tendance de sa musique (nous la nuancerons plus loin) : la mélodie et l'orchestration de *La Fanette* évoquent très intentionnellement les flots de la mer qui s'enflent et meurent, à l'image des espoirs du héros malheureux. C'est enfin une règle habituelle de son écriture : ces vers de *Jef,* par exemple

> On r'chantera comme avant
> Comm'quand on était beaux
> Comm'quand c'était le temps
> D'avant qu'on soit poivrots

ont une familiarité et une lourdeur *calculées* : la sympathie intense de l'ami de Jef déborde sa capacité d'expression, ce qui explique sa difficulté à trouver ses mots (cf. aussi l'explication des premiers vers de *L'ivrogne* par J. Clouzet, *op. cit.,* p. 21). La correspondance entre les sujets traités et les formes de la chanson est générale chez Brel.

3. L'expression et l'adéquation sont en outre au service d'une troisième tendance : la volonté de signification. Brel *veut* dire. L'émotion esthétique n'est pas recherchée pour elle-même : un *sens*, intentionnellement souligné, la couronne et l'oriente. L'exemple le plus clair est celui des finales des chansons, qui réveillent ou surprennent la pensée de l'auditeur : c'est la chute des *Vieux* (« Et puis qui *nous* attend »), c'est l'envoi des *Toros* (le rappel de « Carthage, Waterloo et Verdun »), etc. Cette volonté de signifier expliquera la fréquence des crescendos, contrastes et ruptures dans la chanson brélienne ; on trouvera même des discordances calculées (apparemment contraires au principe d'adéquation), comme c'est le cas dans *Au suivant*, où l'alexandrin solennel met en relief *a contrario* la dérision révoltante du sujet. A la limite, le besoin de signifier entraîne Brel sur la voie de significations obscures ou gratuites : le « message » n'est là que pour produire un *effet* de signification, le sens en soi ne comptant guère.

4. Il ne faut pas oublier une dernière tendance, pourtant évidente : l'amour de la musique, de l'harmonie et de la mélodie, le besoin de rime et de rythme, le désir naturel d'architecturer des émotions ou des imaginations dans des structures verbales sonores. Justement, faire de tout ce qui est vie matière à couplets et à refrains, c'est le sens premier de la chanson : est-ce un hasard si Brel a choisi de s'exprimer en elle ? Aussi devons-nous garder à l'esprit l'incidence de la réalité musicale et de ses contraintes spécifiques sur la création verbale elle-même. Nous comprendrons alors la raison de certaines répétitions apparemment faciles, de certains jeux de rimes ou de rythmes, et cette propension générale au refrain à l'intérieur même des strophes, parfois aussi *au niveau de l'idée,* comme si J. Brel pensait « musicalement ». Inversement, nous verrons l'auteur jouer de temps en temps du rapport entre la dynamique musicale et la logique textuelle pour en tirer des *effets signifiants* : de correspondance, on l'a vu, mais aussi de discordance (ou de contrepoint), au service de l'ironie *(L'air de la bêtise, La la la)* ; c'est ainsi que la fin de *Marieke* est musicalement tonique, alors qu'elle demeure textuellement mélancolique.

Prises isolément, ces quatres tendances de l'expression brélienne ne sont pas originales : tout est dans leur densité et leur combinaison. Il importait de les distinguer néanmoins pour bien les reconnaître au cours des trois approches complémentaires que nous allons faire de la poétique de J. Brel : le travail de l'écriture, la création d'une chanson dramatique, et pour finir, la suggestion d'un univers poétique.

LE TRAVAIL DE L'ÉCRITURE

Brel utilise la plupart des possibilités d'expression de la langue, des techniques de composition de la chanson ou du poème : nous ne nous attacherons ici qu'à celles qui reviennent le plus fréquemment, et sont les plus significatives[1].

---

1. Les limites de notre étude ne nous permettent pas de citer tous les exemples rendant compte de la *fréquence* des moyens d'expression utilisés par Brel : nous nous contenterons donc à chaque fois d'exemples *choisis*.

Dans son entretien avec J. Clouzet, J. Brel déplore les contraintes qui pèsent sur la chanson, dont la première est la brièveté : il faut tout dire en trois minutes. D'autre part, l'ordre qu'impose la musique aux phrases oblige souvent le compositeur à user de tournures elliptiques : à vrai dire, cette contrainte le menace doublement, tantôt de tomber dans l'obscurité de certaines ellipses, tantôt de céder à la facilité du remplissage par des chevilles. Enfin, le besoin d'expression et la volonté de signification de J. Brel se traduisent naturellement par la recherche de raccourcis expressifs. Ainsi s'explique, d'abord, l'emploi de locutions commodes : *en partance* ; *à plein* (« Buvons à plein chagrin / Buvons à pleines pleurs », *L'ivrogne*) ; *du bout de (Les timides)* ; *dans* (« Les yeux dans la bière », *Les bourgeois* ; « Les yeux dans les seins », *Les paumés du petit matin*) ; *au* (« Quand le vent est au rire quand le vent est au blé », *Le plat pays*) ; *au large de* (« Une île … au large de l'espoir / au large de l'amour », *Une île*) ; *au fil de, de … en* (tournure omniprésente : « de peuplier en peuplier, de pleurs en pleurs, de sentiments en sentiments, de visages en visages, de petits chiens en petits chats, de piège en piège, de chrysanthèmes en chrysanthèmes, etc. »). Cette dernière locution s'explique également par le désir d'exprimer le retour des choses emportées par l'accélération du temps. En général d'ailleurs, la concision n'exprime pas qu'elle-même : elle fait image.

Brel emploie aussi des moyens syntaxiques : l'apposition par exemple, dans la série des *Prénoms de Paris* (« Et c'est Paris le jour, - bonjour, - toujours, - l'amour, etc. »). L'auditeur est alors censé rétablir lui-même le lien explicatif, comme dans ces passages des *Timides* où il faut respecter le vers court et la rime :

Peu importe	Un soir d'audace (...)
D'où ils sortent	Mettent leur cuirasse
Mais feuilles mortes	Et alors place
Quand l'vent les porte	Allons Paris tiens-toi bien
Devant nos portes	Et vive la gare
On dirait qu'ils portent	Saint-Lazare
Une valise dans chaque main...	Mais on s'égare...

La recherche de concision explique aussi pour une part l'emploi d'expressions familières (« Faut dire que », « Faut pas jouer les riches »), de fréquents archaïsmes (« Habiller matin / Pauvres et malandrins », *Quand on n'a que l'amour* ; « Entre l'en est de vieux entre l'en est de sages », *Les bergers* ; de même pour l'absence de l'article ou la mise « en facteur commun » de la troisième personne du pluriel, dans de nombreux couplets), d'images ramassées (« les draps de l'ennui », « la clairière d'un jeudi ») et enfin, de nombreux néologismes forgés par l'auteur : « bruxeller », « processionnent, s'embigotent, cimetièrent » *(Les bigotes)*, « leurs livres s'ensommeillent » *(Les vieux)*, « un colonel encivilé » *(Les jardins du casino)*, « je me suis derriérisé » *(Le cheval)*, « Je mourrirai » *(La la la)* : ce néologisme est d'autant plus heureux qu'en fondant *mourir* et *rire*, il traduit à merveille l'attitude sarcastique du vieillard. Mais archaïsmes et néologismes visent toujours, en même temps, d'autres effets esthétiques : halo ineffable d'expressions de jadis, réalisme saisissant d'un verbe nouveau, etc.

La concision se manifeste enfin dans des formules de type « moraliste » :

> Faut pas jouer les rich's
> Quand on n'a pas le sou
> *(Ces gens-là)*

> Mais n'est-ce pas le pire piège
> Que vivre en paix pour des amants
> *(La chanson des vieux amants)*

Mais Brel sent le procédé inhérent au genre de l'aphorisme : *faire vrai*, par la densité ou l'apparente simplicité de la formule. Il s'en moque donc, tout en l'employant :

> Je sais on fait c'qu'on peut
> Mais y a la manière   *(Fernand ; l'ami s'adresse à Dieu)*

● *De l'expression réaliste à l'expression imagée*

La volonté d'adéquation entre le langage et son objet se traduit naturellement par le « réalisme ». De fait, les effets d'harmonie imitative, les paroles familières ou argotiques de certains personnages, l'emploi de termes concrets ou même crus pour rendre la peinture « vraie » et vigoureuse, ne manquent pas dans les chansons de la maturité de J. Brel (le vocabulaire des premières est plus idéaliste). Le tableau haut en couleur d'*Amsterdam*, où dans une taverne bien flamande les marins «rêvent, mangent, bouffent, rotent, dansent, boivent, pissent», illustre ce réalisme. Mais la puissance du tableau dépasse une réalité qui, en soi, ne satisfait pas l'artiste : nous avons droit à une vision, et le tableau doit *faire effet* par ses contrastes (la grossièreté des marins rend leurs rêves et leurs drames émouvants) ou par son grossissement épique ; alors le sens concret et le sens figuré sont emportés par l'ampleur de la métaphore :

> Ils vous montrent des dents
> A croquer la fortune
> A décroisser la lune
> A bouffer des haubans

L'expression imagée commence par la comparaison explicite :

> (Des couples qui) dansent comme des escalopes
> Avec des langueurs d'héliotrope
> *(Les jardins du casino)*
> C'est un chien qui nous revient de la ville
> *(Mathilde)*

Mais, bien vite, elle devient implicite et ne se distingue plus de la simple image :

> Les rires d'enfants   Bardés d'intolérance
> Carillons frêles de l'hiver   *(Les singes)*
> *(Je ne sais pas)*
> J'insulterai le flic sacerdotal
> *(La la la)*

On trouve souvent la personnification des choses ou l'animalisation des êtres :

> Sur les fleurs qui ferment les paupières
> *(Dors ma mie)*

> Une maison qui se déhanche
> *(Le gaz)*

> Les jeunes filles rentrent aux tanières
> Sans ce jeune homme ou sans ce veuf
> Qui devait leur offrir la litière
> Où elles auraient pondu leur œuf
> *(Les jardins du casino)*

Brel cultive aussi les «cynesthésies», en produisant des images par analogie entre différentes sensations :

> D'un accordéon rance   Des carillons de bleu
> *(Amsterdam)*   *(Mon père disait)*

Il joue très souvent de constructions parallèles (voir plus loin) pour fondre le concret et l'abstrait et suggérer ainsi de multiples images : l'expression «toute vertu dehors» *(Les biches)* prend son sens imagé à partir de «toute voile dehors» ; le vers «bien au triste bien au froid» *(Le tango funèbre)* identifie la tristesse à quelque objet froid, la seconde expression contaminant la première : la sensation *image* l'état d'âme. Et bientôt, la métaphore brélienne confine à l'hyperbole :

Ils se blanchissent leurs nuits
Au lavoir des mélancolies
(Les paumés du petit matin)

A cheval sur une idée noire
(Quand maman reviendra)

Et quand ils ont bien bu
Se plantent le nez au ciel
Se mouchent dans les étoiles
(les marins d'*Amsterdam*)

Qu'on y regarde bien : ces images sont mieux que jolies en elles-mêmes ; leur effet est toujours lié au désir d'adéquation et de signification. Ainsi, la «maison qui se déhanche» allie le sens concret (elle est dissymétrique) et le sens figuré (elle est femme), mais en plus, ce déhanchement nous révèle le trouble du narrateur qui voit déjà en cette maison la dame qui hante ses rêves érotiques ... La fin d'*Amsterdam* exprime à la fois la vision troublée des marins ivres et leur allure titubante, avec leurs grands élans de tête et leurs rêves étoilés. Les métaphores d'*Une île* sont absolument nécessaires pour évoquer un pays de rêve, un monde idéal sans limites qu'on ne peut *décrire* (ce serait le fermer, l'enliser dans le réel). Dans les *Litanies pour un retour,* comment le héros fou de joie pourrait-il s'exprimer autrement que par des métaphores - il ne peut penser ! A la limite, on doit parler d'une véritable vision métaphorique de J. Brel : il pense par images, il essaie de comprendre le réel en essayant sur lui les interprétations métaphoriques, comme dans ces vers des *Vieux* :

Est-ce d'avoir trop ri que leur voix se lézarde quand ils parlent d'hier
Et d'avoir trop pleuré que des larmes encore leur perlent aux paupières

Pour Brel, l'image fait donc sens. Rappelons-nous les thèmes de l'espace et du temps analysés en première partie : ces «idées» n'existent pas en lui indépendamment des images qui les représentent. Ainsi, l'amour *est* voyage, les éclats des vieux amants *sont* « des vieilles tempêtes », etc. Nous verrons plus loin jusqu'à quel point le paysage et l'état d'âme s'interpénètrent dans l'univers poétique de Brel.

Mais si l'image fait sens, le sens sait aussi choisir ses images : puisqu'on ne peut *tout* dire dans la chanson, Brel tend à dépasser le réalisme et l'image par le symbole. Nous retrouvons le principe de concision : un trait doit suffire à suggérer le monde dont il fait partie (c'est la définition même de la métonymie). Lorsque ce trait devient une image chargée de significations, on l'appelle symbole. Ainsi *les fleurs,* dans *Le moribond,* représentent à elles seules le cimetière et les « Toussaint » qui viendront le fleurir :

Je pars aux fleurs la paix dans l'âme

Les « vingt ans », dont parle souvent Brel, symbolisent le premier âge idiot - celui des illusions qu'il faudra perdre. Le « petit chat » qui meurt, dans *Les vieux,* annonce la mort de l'univers dont il faisait partie (cf. *La la la* : « Mon chien sera mort »). Les « langues coupées » représentent la censure et les « culs pelés » désignent *Les singes.* La valise des *Timides* suggère leur errance d'exilés de partout, de mal aimés, et se charge peu à peu de tout l'inexprimé de leur existence (« une valise sur le cœur »). *Les fenêtres,* qui « rigolent, murmurent, sanglotent, jacassent, surveillent, grimacent », symbolisent tous les regards sociaux qui alternativement nous enferment ou nous font « exister ». Ce symbolisme donne parfois des images apparemment obscures : ainsi, que les enfants aient tous « un oiseau mort qui leur ressemble » ne semble rien signifier *(Fils de)* ; mais si l'on sait que l'oiseau représente l'enfance et que l'animal mort annonce la fin d'un univers, on comprend : les enfants pressentent que leur univers d'enfants périra à l'image de l'oiseau, c'est l'expérience d'un premier deuil.

Le symbolisme de Brel débouche enfin sur l'allégorie, la personnification de pures entités : ce sont Dame bêtise, la fille de *Sur la place,* la Mort, etc. Mais il faut avouer que là n'est pas l'originalité du compositeur. Au reste, il n'évite pas toujours les deux écueils de la création métaphorique : le convenu et le gratuit. A ce sujet, nous renvoyons le lecteur à ces chansons manquées que sont *Fils de, Un enfant,* et quelques autres !

• La versification

La versification de Brel n'est pas stricte (mètre irrégulier, compte des syllabes *oral* surtout, rimes souvent réduites à des assonances) et les effets poétiques qu'elle lui permet sont dans l'ensemble assez classiques. Quelques remarques cependant :

1. LE CHOIX DU MÈTRE obéit au principe d'adéquation. J. Clouzet a bien montré comment, dans *Les vieux*, le vers de dix-huit syllabes traduit la vie au ralenti des vieillards, cet « état d'hibernation » et de « reptation vers la mort ». Corrélativement, le vers très court des *Timides* convient à leurs attitudes étriquées, à leurs tentatives sans suite. L'alexandrin s'adapte très bien à la transhumance bucolique des *Bergers* :

> Ils montent du printemps quand s'allongent les jours
> Ou brûlés par l'été descendent vers les bourgs

Dans *Zangra*, en revanche (comme dans *Au suivant*), l'alexandrin solennel fait ressortir, ironiquement, le destin dérisoire du héros. Mais, dans tous les cas, l'intention de l'auteur oriente le choix de la forme.

Cela dit, c'est souvent le rythme musical qui domine le mètre choisi, l'étend ou le découpe, et lui confère un *tempo* qui n'est pas celui de la lecture. Ainsi, l'octosyllabe de *La mort* ne prend son sens qu'avec l'air du *Dies irae*, en devenant une série hachée de groupes de deux syllabes. De même, seule la musique confère son rythme au mètre irrégulier des *Toros*. Quant à l'emploi fréquent du vers court, il s'explique : le vers court s'adapte souplement à toutes sortes de mélodies.

2. RYTHME ET SONORITÉS. A l'intérieur des vers, Brel marque fortement les accents rythmiques - souvent appuyés par les basses de l'accompagnement musical. Le principe d'adéquation règne : dans ces deux vers de *Mathilde*, l'idée de répétition est soulignée par l'accentuation toutes les deux syllabes (cf. la diction du chanteur) :

> Mon cœur arrêt (e) de répéter
> Qu'elle est plus bell (e) qu'avant l'été

C'est le cas aussi dans les premiers vers du *Plat pays,* dont le rythme évoque le moutonnement indistinct des vagues et des dunes. Dans *Amsterdam* enfin, en reposant sur deux